Officiant de cérémonie laïque

Un nouveau métier en chiffres

- 2016 -

Nicolas VASELLI
E-Komm édition

« **Officiant de cérémonie laïque - *Un nouveau métier en chiffres*** »

Éditeur : E-Komm édition
21 avenue Nelson Mandela
83130 La Garde

1ère édition en avril 2016

Dépôt légal : Avril 2016

ISBN : 978-2-9554949-2-9

Tous droits réservés à © Nicolas VASELLI, avril 2016

TABLE DES MATIÈRES

REMERCIEMENTS

Un grand MERCI aux 48 officiants qui ont bien voulu participer à cette enquête, et qui permettent ainsi de mieux faire connaître ce métier, encore mystérieux pour le grand public.

L'AUTEUR

Nicolas Vaselli a co-créé une entreprise d'organisation de mariage entre 2006 et 2015. Il a notamment créé des méthodes et des outils facilitant la préparation et la personnalisation des cérémonies.

Souhaitant partager son expérience et les connaissances acquises, il a co-rédigé le livre "*Votre cérémonie de A à OUI*", un guide pratique qui aide les mariés à préparer et à organiser une cérémonie symbolique de mariage.

Parallèlement, il a développé les sites internet www.ceremonie-laique.fr, aujourd'hui une référence dans son domaine, et www.lieudereception.fr !

Partant du constat que le métier d'officiant n'est pas encore bien connu, il réalise un questionnaire soumis aux officiants qu'il a répertorié et établit un état des lieux sur le métier. Il présente ainsi les principales caractéristiques de ce métier si spécial afin de mieux l'appréhender mais aussi, pourquoi pas, générer de nouvelles vocations !

INTRODUCTION

PRÉAMBULE

Jusqu'à la fin du XX° siècle, le rôle d'officiant était associé aux rites religieux. Il est aujourd'hui relié aux « Cérémonies laïques », ces cérémonies symboliques de mariage. Certains officiants en ont fait leur principale profession. Mais bien plus qu'un métier, il est souvent ressenti comme une vocation.

On rencontre aussi le terme de « célébrant ». Littéralement, l'officiant est la personne qui *officie* la cérémonie, alors que le célébrant la *célèbre* !

Bon, on va jouer sur les mots, car la définition est quasiment identique, à une nuance étymologique près, qui intègre la notion religieuse :
- **Célébrer** vient du latin *celebrare*, qui sous-entend accomplir avec solennité, faire connaître, fêter !
- **Officier** vient du latin médiéval *officiare*, qui veut dire servir, célébrer le service divin.

Cette subtile distinction s'est perdue au fil du temps. Aujourd'hui, on « officie » ou on « célèbre » indifféremment un mariage.

Par « Célébrer », on sous-entend procéder à quelque chose d'exceptionnel, de marquant, l'accomplir avec une certaine solennité comme fêter un événement et le marquer d'une manifestation particulière, notamment une cérémonie !

Dans cet ouvrage, nous parlerons ainsi d'officiant. C'est tout. Cette personne détient une **position d'autorité** dans l'organisation hiérarchisée, et implicite, que représente une cérémonie de mariage : Officiant > Mariés > Témoins > Famille > Amis.

OFFICIANT LAÏC OU OFFICIANT LAÏQUE ?

Selon wikipedia (https://fr.wikipedia.org/wiki/Laïc), « laïque » et « laïc » s'emploient indifféremment comme nom ou comme adjectif, au masculin ou au féminin. Seul le terme « laïc » est réservé uniquement aux noms masculins. Les deux formes sont donc autorisées.

RÔLE DE L'OFFICIANT

L'officiant dispose d'un **rôle central** dans une cérémonie de mariage : il en assure le bon déroulement, gère l'enchainement des interventions (lectures, musiques, rituels, animations).

Avant la cérémonie, il peut aider les mariés à en définir les différentes étapes, lectures ou musiques, à rédiger les textes voire les vœux.

En véritable **maître de cérémonie**, l'officiant présente, anime, lit, émeut, fait rire, rythme, enchaine, gère, invite, verse, saupoudre, et il peut même chanter ! Il initie notamment l'engagement des mariés et préside l'échange des anneaux.

L'officiant est généralement assisté de l'organisateur du mariage pour assurer la synchronisation des intervenants et maintenir le rythme de la cérémonie.

La solennité des instants et l'ambiance générale de la cérémonie sont ainsi assurés conformément aux souhaits des mariés.

En outre, la plupart des officiants accepte de célébrer des cérémonies symboliques de mariage pour les **couples homosexuels**, en complément de la cérémonie civile !

À noter : un officiant ne dispose d'aucun pouvoir légal ou spirituel ! Il est sollicité par les couples pour animer leur cérémonie d'engagement qui n'a aucune valeur légale. En France, seule la cérémonie civile à la mairie est reconnue.

De même, et très logiquement, aucune religion ne reconnaitra la légitimité d'une cérémonie célébrée par un officiant qui n'est pas ordonné par une autorité religieuse hiérarchique.

LA PROFESSION EN FRANCE

Apparue vers la moitié des années 2000, cette profession reste encore confidentielle. Les couples sollicitent généralement leurs proches pour célébrer leur cérémonie de mariage, soit par méconnaissance de l'existence de professionnels spécialisés, soit par l'absence d'officiants à proximité, soit pour des raisons budgétaires.

On estime qu'il y a, en France, **une centaine** d'officiants professionnels déclarés comme tels, le double si on considère les pratiques occasionnelles de certains professionnels du mariage.

Cette profession n'étant pas encore structurée, ni réellement visible vis-à-vis du grand public, il est difficile d'obtenir des données représentatives sur les activités pratiquées.

OBJECTIF DU LIVRE

Cette première enquête a deux objectifs :
- **mettre en lumière** cette profession encore méconnue,
- **mieux connaître** les caractéristiques du métier.

> *Note* : cette enquête ne peut pas être considérée comme représentative, une démarche statistique rigoureuse aurait demandé beaucoup plus de moyens.
>
> *Toutefois, cette première approche a été effectuée auprès d'un échantillon relativement important d'officiants en activité, ce qui permet quand même de prendre en compte les résultats.*

MÉTHODE

Un formulaire a été réalisé sur Google Drive et le lien a été envoyé aux officiants répertoriés sur le site www.ceremonie-laique.fr ainsi qu'à une liste d'officiants présents sur internet.

Au total, 65 officiants ont été invités à remplir les champs du formulaire, et **48 officiants** ont effectivement répondu. Les champs du formulaire sont présentés en annexe (p.51).

- 1 -

PORTRAIT-ROBOT

OBJECTIF DE CE CHAPITRE

Ce premier chapitre est un condensé ultime des informations récoltées au cours de l'étude afin de vous dresser un portrait-robot de « **l'officiant-type** » en 2016 !

RÉSULTATS

L'officiant-type est une femme de 42 ans qui exerce à Paris ou dans les Bouches-du-Rhône.

Elle a passé un baccalauréat ES (économique et social), et dispose d'un Bac +2 en communication.

Elle parle un anglais correct, et sait prononcer un espagnol basique.

Elle a créé son activité il y a 3 ans, et l'exerce en auto-entreprise. Elle a d'abord créé une autre activité dans l'événementiel, qu'elle pratique encore. Elle a saisi l'occasion de proposer ses services en tant qu'officiante par la suite.

Lorsqu'elle est déjà réservée pour une date, il lui arrive de proposer d'autres officiants, avec qui elle a conclu un partenariat.

Elle rencontre généralement ses futurs-clients dans un lieu public, un bar ou un restaurant, mais pendant les préparatifs et discuter de leur cérémonie, elle se rend directement à leur domicile.

Elle parcourt entre 50 et 100 km pour célébrer la plupart des cérémonies. Elle a même parcouru une fois 600 km !

Son offre de services intègre la préparation et la célébration de la cérémonie, mais elle peut aussi rédiger uniquement les textes, en laissant le soin aux proches des mariés de gérer l'animation. Elle propose aussi de les mettre en relation avec d'autres prestataires et de décorer la cérémonie.

Sa prestation inclut le pupitre et le certificat symbolique, alors qu'elle propose également, en supplément, la location de la sonorisation et d'une arche.

Elle consacre 34 heures pour préparer et rédiger la cérémonie. Le jour J, elle reste, en moyenne, 4 heures sur le lieu afin de préparer l'office et d'assurer sa prestation.

Son service principal, incluant la préparation et la célébration de la cérémonie, est facturé 793 €.

Elle avait officié 18 cérémonies en 2015, contre 13 cérémonies en 2014 ! En janvier 2016, elle avait déjà 17 cérémonies réservées pour la saison à venir !

Son chiffre d'affaire, en 2015, était de 14 000 euros environ.

Son activité quotidienne consiste à rédiger les textes, célébrer la cérémonie, préparer les cérémonies, organiser et développer son activité.

Elle a une facilité rédactionnelle, une aisance verbale avérée et une capacité reconnue à susciter l'émotion de son public.

Elle est très satisfaite de son métier !

- 2 -

QUI SONT LES OFFICIANTS ?

OBJECTIF DE CE CHAPITRE

Ce chapitre présente le profil des officiants en exercice en janvier 2016 selon leur genre, leur répartition géographique, les études qu'ils ont mené et leur maîtrise des langues étrangères.

RÉSUMÉ

Le métier d'officiant est essentiellement pratiqué par des femmes âgées entre 26 et 45 ans. Les régions où on rencontre le plus d'officiant sont : Île de France, PACA et Rhône.

Les filières du bac majoritairement suivies sont ES, L et technique. La plupart des officiants dispose d'un BAC+2 à Bac+3, en communication, commerce, comptabilité/gestion ou événementiel. La maîtrise de l'anglais est relativement bonne.

LES RÉSULTATS

2.1. GENRE

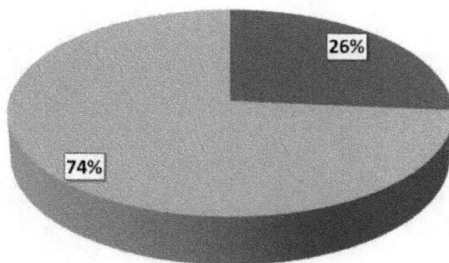

> 74 % des officiants sont des femmes
> 26% des officiants sont des hommes

Ceci peut s'expliquer par le fait que beaucoup d'officiantes sont également organisatrices de mariages, une profession déjà très féminisée.

2.2. ÂGE

Répartition des tranches d'âges

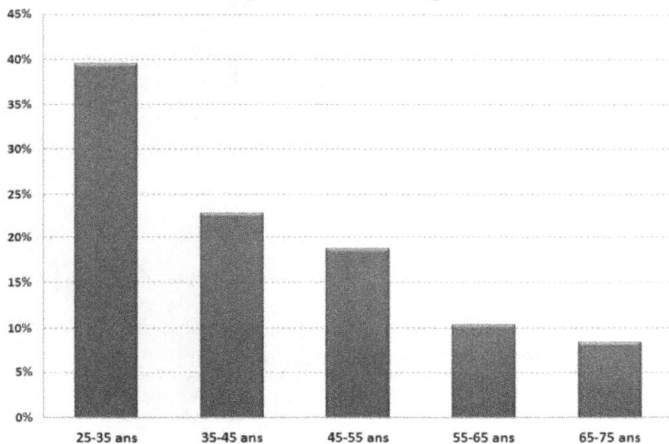

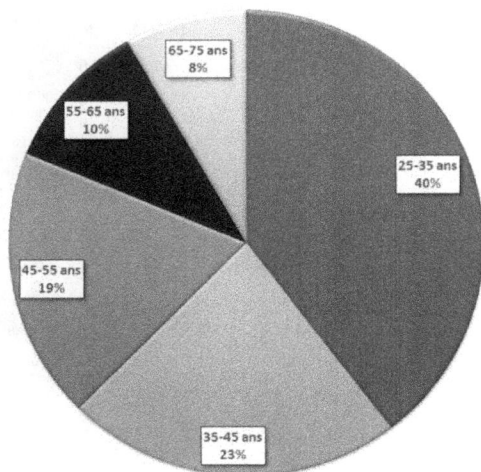

- ➤ Âge de l'officiant le plus jeune : 26 ans
- ➤ Âge de l'officiant le plus âgé : 69 ans
- ➤ Âge moyen des officiants : 41,9 ans

> 50% des officiants ont entre 33 et 50 ans.

On remarque une forte proportion des 25-45 ans, et notamment des 25-35 ans (40%), qui n'hésitent pas à se lancer dans cette nouvelle activité !

Un métier qui attire les jeunes : L'âge moyen des officiants qui ont moins de 2 années d'activité est de 38 ans, et 2/3 d'entre eux a moins de 35 ans !

Mais aussi... 15 % des officiants a plus de 60 ans !

2.3. LIEU D'EXERCICE

Le tableau ci-dessous récapitule le nombre d'officiants répertoriés par département au 1er janvier 2016.

[A noter : un même officiant peut exercer sur plusieurs départements...]

Département		Nbre	Département		Nbre	Département		Nbre
01	Ain	6	32	Gers	1	64	Pyrénées-Atlantiques	3
02	Aisne	3	33	Gironde	3	65	Hautes-Pyrénées	1
03	Allier	1	34	Hérault	4	66	Pyrénées-Orientales	1
04	Alpes de Hautes-Provence	1	35	Ille-et-Vilaine	6	67	Bas-Rhin	3
05	Hautes-Alpes	1	36	Indre	0	68	Haut-Rhin	1
06	Alpes-Maritimes	7	37	Indre-et-Loire	4	69	Rhône	9
07	Ardèche	3	38	Isère	6	70	Haute-Saône	0
08	Ardennes	0	39	Jura	1	71	Saône-et-Loire	1
09	Ariège	0	40	Landes	3	72	Sarthe	2
10	Aube	0	41	Loir-et-Cher	2	73	Savoie	1
11	Aude	1	42	Loire	2	74	Haute-Savoie	3
12	Aveyron	1	43	Haute-Loire	0	75	Paris	9
13	Bouches-du-Rhône	9	44	Loire-Atlantique	6	76	Seine-Maritime	2
14	Calvados	2	45	Loiret	4	77	Seine-et-Marne	4
15	Cantal	1	46	Lot	1	78	Yvelines	5
16	Charente	2	47	Lot-et-Garonne	1	79	Deux-Sèvres	2
17	Charente-Maritime	3	48	Lozère	1	80	Somme	3
18	Cher	0	49	Maine-et-Loire	6	81	Tarn	0
19	Corrèze	1	50	Manche	0	82	Tarn-et-Garonne	0
2A	Corse-du-Sud	0	51	Marne	2	83	Var	6

Département		Nbre	Département		Nbre	Département		Nbre
2B	Haute-Corse	0	52	Haute-Marne	0	84	Vaucluse	5
21	Côte-d'Or	0	53	Mayenne	2	85	Vendée	1
22	Côtes d'Armor	0	54	Meurthe-et-Moselle	1	86	Vienne	4
23	Creuse	0	55	Meuse	1	87	Haute-Vienne	0
24	Dordogne	4	56	Morbihan	1	88	Vosges	1
25	Doubs	0	57	Moselle	1	89	Yonne	0
26	Drôme	4	58	Nièvre	0	90	Territoire-de-Belfort	0
27	Eure	1	59	Nord	4	91	Essonne	2
28	Eure-et-Loir	1	60	Oise	2	92	Hauts-de-Seine	2
29	Finistère	0	61	Orne	2	93	Seine-Saint-Denis	1
30	Gard	3	62	Pas-de-Calais	3	94	Val-de-Marne	2
31	Haute-Garonne	1	63	Puy-de-Dôme	1	95	Val-d'Oise	1

Les départements où il y a le plus d'officiants en exercice sont :
  ➢ Bouches-du-Rhône : 9 officiants
  ➢ Rhône : 9 officiants
  ➢ Paris : 9 officiants
  ➢ Alpes-Maritimes : 7 officiants

Si on ne considère que les départements de résidence des officiants, on remarque que le **Rhône** est le département disposant le plus d'officiants (7 officiants), suivi de **Paris** (5 officiants), puis du Var, Bouches-du-Rhône, Loire-Atlantique et le Nord avec 4 officiants chacun.

Notons que les officiants n'hésitent pas à se déplacer, nous étudierons plus précisément ce point au paragraphe 4.2.

2.4. Niveau d'études

Que faut-il faire comme étude pour faire « officiant de cérémonies laïques » ? Certains diront que le métier ne s'apprend pas, c'est une aptitude, voire une vocation, qu'on a, ou pas !

Même s'il n'existe aucun diplôme d'officiant délivré par l'éducation nationale, des formations privées tendent à se créer ponctuellement par certains professionnels, mais leur qualité n'est pas évaluée.

13

Dès lors, on peut essayer de retrouver des caractéristiques communes entre les différents officiants.

Commençons par observer les différentes filières du baccalauréat suivies par les officiants :

Proportions des filières du baccalauréat suivies par les officiants

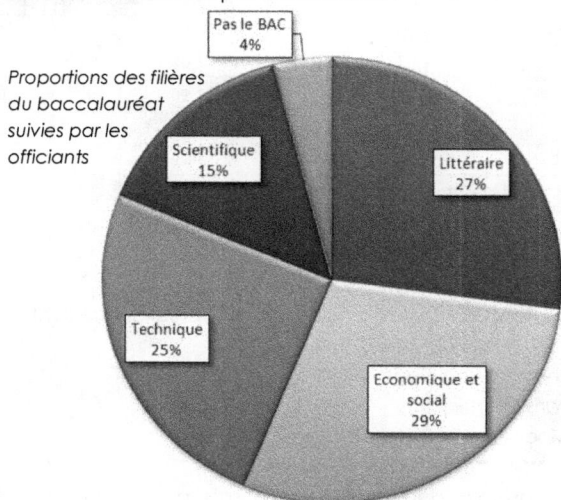

- Pas le BAC 4%
- Scientifique 15%
- Littéraire 27%
- Technique 25%
- Economique et social 29%

Les filières suivies sont très diverses, aucune ne se démarque réellement. On trouve des profils littéraires, techniques et économiques dans des proportions équivalentes, et même des profils scientifiques dans une moindre mesure.

Si on observe (page suivante) le niveau maximal des études supérieures suivies par les officiants, ainsi que leurs thématiques générales, les profils sont également très hétérogènes, avec de nombreux cursus post-BAC.

Plusieurs remarques :
- ➢ La proportion des niveaux Bac+2/Bac+3 est majoritaire,
- ➢ Plus d'un quart des officiant dispose d'un niveau Master 1 ou 2,
- ➢ Les filières de commerce et de communication sont les plus représentées,
- ➢ 11% des officiants n'ont pas fait d'études supérieures.

Officiant de cérémonie laïque
Un nouveau métier en chiffres

Proportions des niveaux maximums des études supérieures

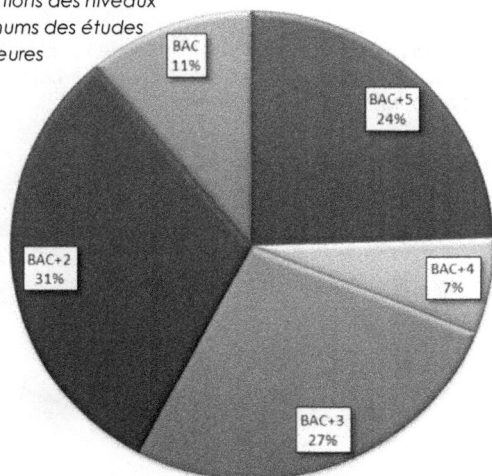

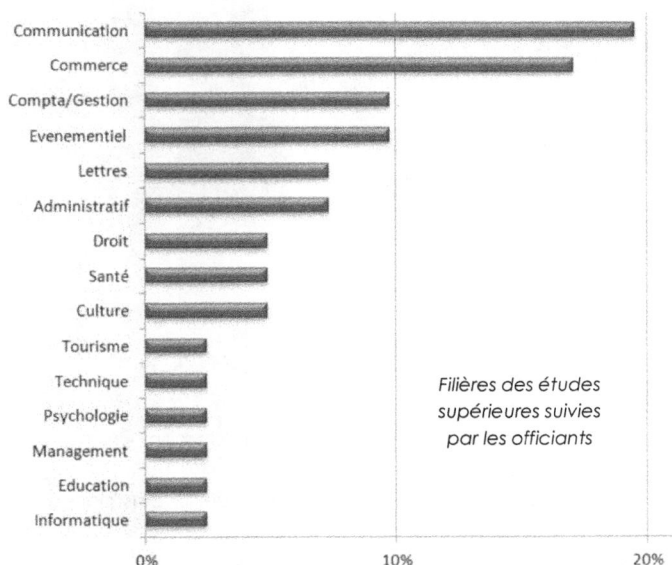

Filières des études supérieures suivies par les officiants

Les thématiques des études supérieures sont majoritairement orientées vers la communication, le commerce, la comptabilité / gestion et l'événementiel.

2.5. LANGUES

Note méthodologique : chaque officiant interrogé a auto-évalué sa maîtrise en langues étrangères suivant une échelle de nombres entiers évoluant de 1 (débutant) à 5 (maîtrise parfaite)

2.5.1. OFFICIANT MAÎTRISANT UNE LANGUE ÉTRANGÈRE

Pour ce test, nous retenons qu'une langue maîtrisée correspond à un niveau de 4/5 ou 5/5.

Le graphique ci-après présente ainsi la proportion des officiants maîtrisant chaque langue.

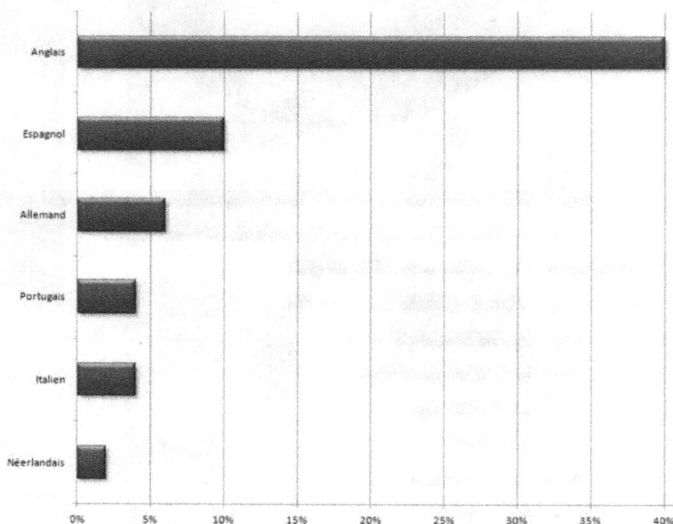

On retient que :

> **40% des officiants** maîtrisent parfaitement -*ou presque*- l'anglais ;

> **L'Espagnol** est la deuxième langue la plus parlée par les officiants.

2.5.2. NIVEAU MOYEN DES OFFICIANTS

Le graphique ci-après présente le niveau moyen ($\bar{x}$) et l'écart-type (σ) des officiants pour chaque langue.

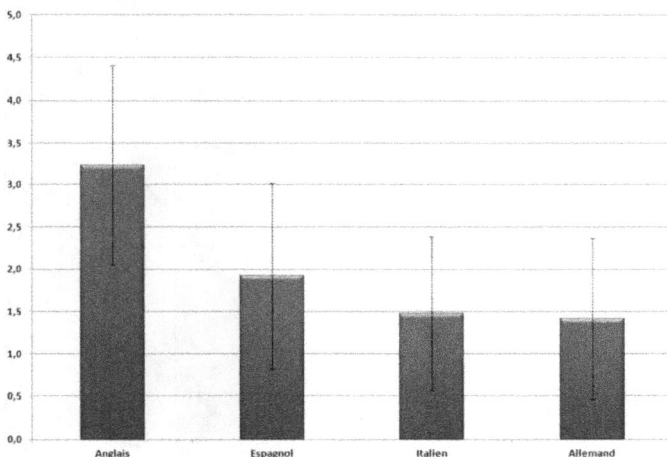

Même si l'anglais est logiquement la langue la plus maîtrisée par les officiants, le niveau moyen pour cette langue est de <u>3,2 sur 5</u>.

> ➢ 23% des officiants ne maîtrisent **aucune langue étrangère**

2.5.3. LANGUES MINORITAIRES

Les langues suivantes sont parlées par certains officiant, mais elles sont très minoritaires :

- Japonais
- Néerlandais
- Portugais
- Thaïlandais
- Chinois

17

- 3 -

COMMENT EXERCENT-ILS LEUR ACTIVITÉ ?

OBJECTIF DE CE CHAPITRE

Ce chapitre présente les conditions d'activité des officiants professionnels : leur expérience, leur statut, le cumul avec d'autres activités et les partenariats avec d'autres officiants.

RÉSUMÉ

La plupart des officiants se sont lancés il y a moins de 5 ans, et pratiquent sous le statut de l'auto-entreprise. Ils ont une activité complémentaire, généralement dans le domaine de l'événementiel. Ils proposent d'autres officiants dans le cadre de partenariats.

RÉSULTATS

3.1. CRÉATION

Les expériences personnelles et professionnelles de chaque officiant ont certainement contribué à l'idée d'en faire sa profession.

- **91% des officiants ont d'abord créé une autre activité** et ont ensuite proposé leurs services pour célébrer les cérémonies ;
- Ainsi, seuls 9 % des officiants ont initialement **créé leur activité** dans la célébration de cérémonies laïques.

Leurs métiers d'origines sont très divers. Logiquement, on retrouve majoritairement des organisateurs et chefs de projets événementiels. Il y a ensuite des commerciaux, des vendeurs, mais aussi des professionnels du spectacle ou du journalisme.

De manière plus anecdotique, certains officiants étaient (ou sont encore) conseillers funéraires, assistants dentaires, acheteurs internationaux, enseignants ou formateurs, employés administratifs ou ouvriers dans l'industrie.

Chacun d'entre eux a pu retirer de sa propre expérience de vie les ressources nécessaires pour se mettre au service des couples.

3.2. EXPÉRIENCE EN TANT QU'OFFICIANT

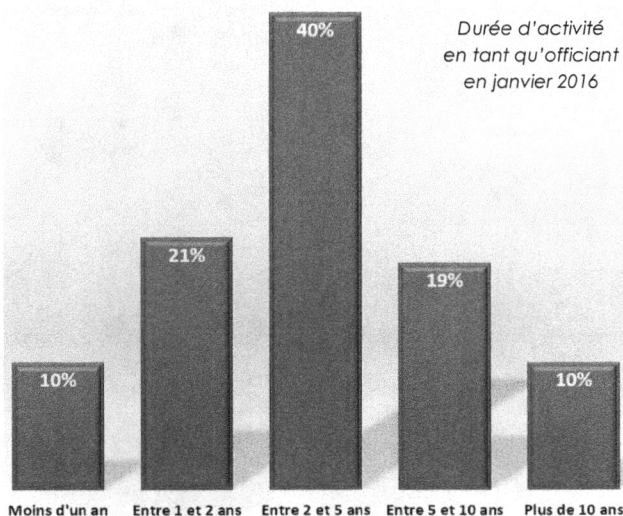

Durée d'activité
en tant qu'officiant
en janvier 2016

Moins d'un an	Entre 1 et 2 ans	Entre 2 et 5 ans	Entre 5 et 10 ans	Plus de 10 ans
10%	21%	40%	19%	10%

> ➢ **40%** des officiants se sont créés il y a **entre 2 et 5 ans**.
> ➢ Les officiants en activité à ce jour se sont créés, en moyenne, il y a **4 ans**.
> ➢ **71%** des officiants se sont créés **il y a moins de 5 ans**.

Même si le métier n'est pas encore réellement rentré dans les mœurs des familles françaises, certains officiants font partie des « pionniers » avec plus de 10 ans d'expériences !

3.3. STATUT D'ENTREPRISE

Sans surprise, le statut majoritaire des officiants est **l'auto-entreprise pour 2/3 d'entre eux**. En effet, ce statut est idéal car l'activité :

- propose des prestations de service,
- ne nécessite pas de gros investissements,
- et, on va le voir au paragraphe suivant, permet la complémentarité avec une autre activité.

*Répartition des statuts
de l'activité d'officiant
professionnel*

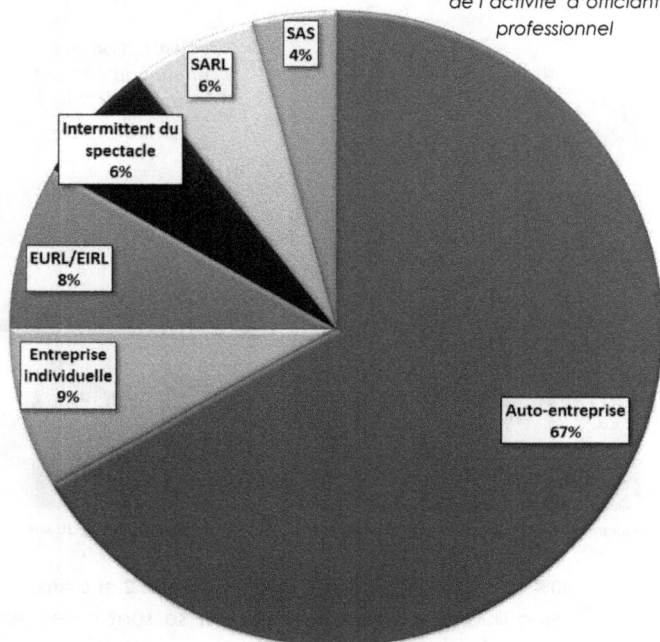

3.4. PRATIQUE DU MÉTIER

Le métier étant encore nouveau et modérément connu, peu d'officiants vivent à temps plein de leur activité :

- ➢ 77% des officiants ont une **activité complémentaire**.
- ➢ 2/3 de ces officiants exercent cette activité complémentaire en tant qu'**indépendant**,
- ➢ alors que 31% d'entre eux sont **salariés** par ailleurs.

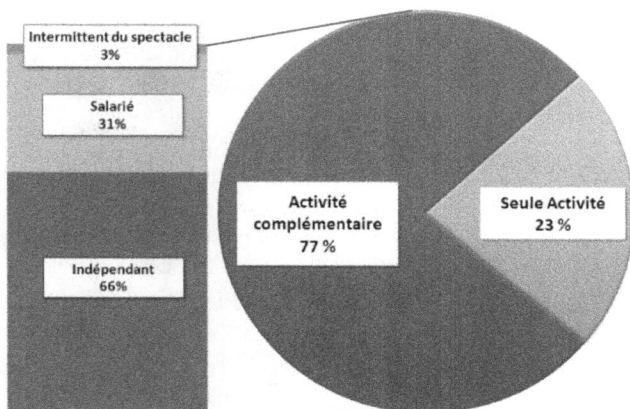

Intermittent du spectacle 3%

Salarié 31%

Indépendant 66%

Activité complémentaire 77 %

Seule Activité 23 %

Dans quel domaine exercent-ils leur activité complémentaire ? Sans surprise, ils sont majoritairement dans l'événementiel, la communication et le spectacle !

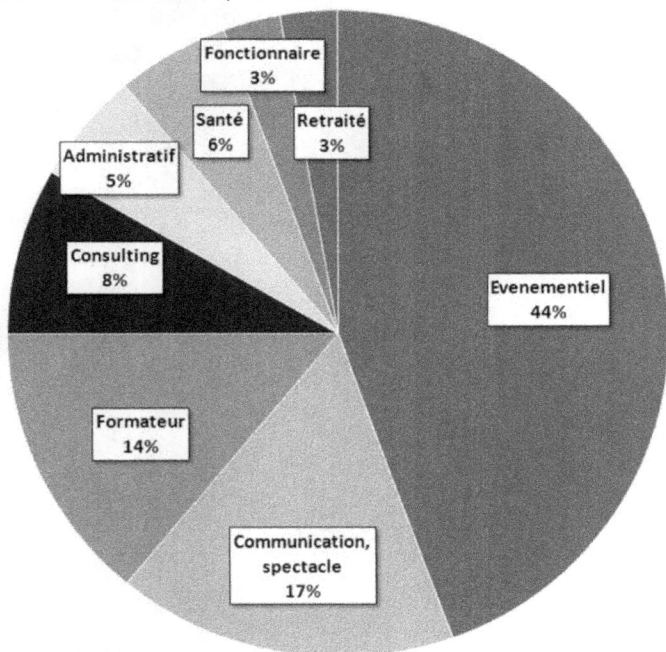

Fonctionnaire 3%

Santé 6%

Retraité 3%

Administratif 5%

Consulting 8%

Evenementiel 44%

Formateur 14%

Communication, spectacle 17%

3.5. OFFICIANTS PROPOSANT D'AUTRES OFFICIANTS

Le statut d'indépendant ne veut pas forcément dire « travailler seul » et la mise en place de réseaux assure une certaine sécurité.

➤ **77%** des officiants proposent également **d'autres officiants**

Pour la plupart des situations (56%), les officiants tiers sont proposés dans le cadre d'un partenariat bilatéral.

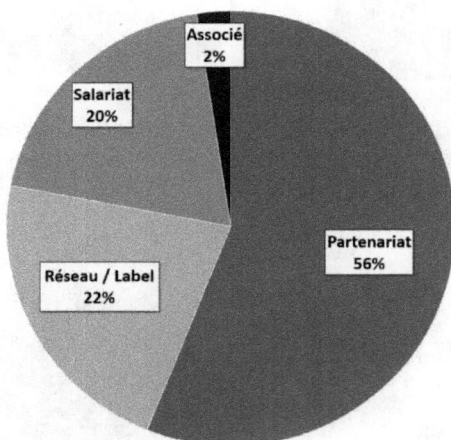

- 4 -

PRESTATIONS PROPOSÉES

OBJECTIF DE CE CHAPITRE

La plupart des officiants étant indépendant, l'offre de produits et services est potentiellement hétérogène : chacun d'entre eux souhaitant exercer leur métier comme ils l'entendent.

Ce chapitre propose d'identifier les prestations présentées par les officiants dans le cadre de leur activité et la manière dans lesquelles ils les exercent.

RÉSUMÉ

Les officiants rencontrent majoritairement les mariés en dehors de chez eux ou d'un bureau professionnel. Ils se déplacent entre 50 et 100 km pour célébrer une cérémonie.

Ils proposent généralement un certificat symbolique et la location d'un pupitre (inclus dans leur prestation). Il proposent également la sonorisation ainsi que la décoration de la cérémonie, mais ces prestations nécessitent un supplément.

Le prix moyen d'une prestation d'un officiant, pour la préparation et la célébration d'une cérémonie sur-mesure, est de 793 euros.

RÉSULTATS

4.1. RENDEZ-VOUS AVEC LES MARIÉS

4.1.1. LIEU DE RENDEZ-VOUS

Très peu d'officiants disposent d'un bureau spécifique, dédié à leur activité, à l'extérieur de leur domicile.

C'est pourquoi, pour le premier rendez-vous, 2/3 des officiants rencontrent les mariés dans un lieu public ou chez les mariés.

Par la suite, lorsqu'il s'agira de préparer concrètement la cérémonie, 38% d'entre eux préfèrent s'imprégner de l'univers des mariés à leur domicile, alors que 17% préfèreront converser à distance.

A noter qu'un officiant sur dix accueille leurs clients à domicile.

Lieu de rendez-vous	1er RDV	RDV préparatifs
Dans un lieu public/bar/restaurant	34%	17%
Au domicile des mariés	32%	38%
Dans un local dédié à mon entreprise	13%	17%
Via internet (skype, hangouts, etc.)	11%	17%
Au domicile de l'officiant	9%	10%
sur leur lieu de réception	2%	-
Par téléphone	-	2%

4.1.2. NOMBRE DE RENDEZ-VOUS

Comment travaillent les officiant pour préparer les cérémonies laïques ?

> **Cinq rendez-vous** sont généralement prévus avec les mariés pour préparer une cérémonie.
> 60% des officiants planifient **entre 3 et 6 rendez-vous**.

Pour parler des extrêmes, certains officiants ne prévoient qu'un seul rendez-vous, alors que d'autres vont planifier jusqu'à 20 rendez-vous !

Le nombre de rendez-vous suit la loi normale ci-après :

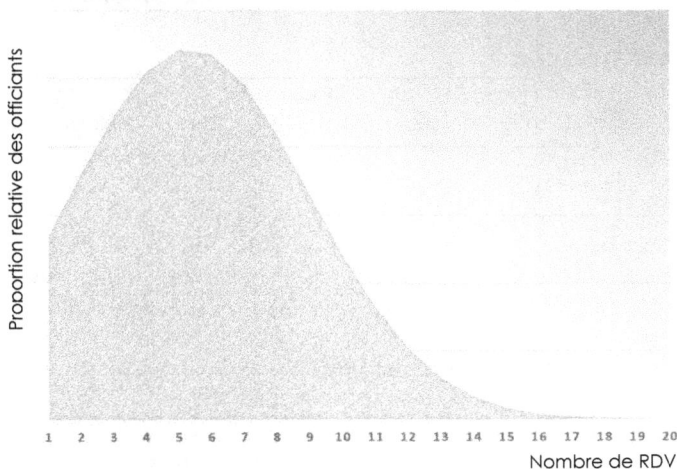

Proportion relative des officiants

1 2 3 4 5 6 7 8 9 10 11 12 13 14 15 16 17 18 19 20

Nombre de RDV

4.2. Durée des préparatifs

La durée moyenne de préparation d'une cérémonie par un officiant professionnel est de **34 heures.**

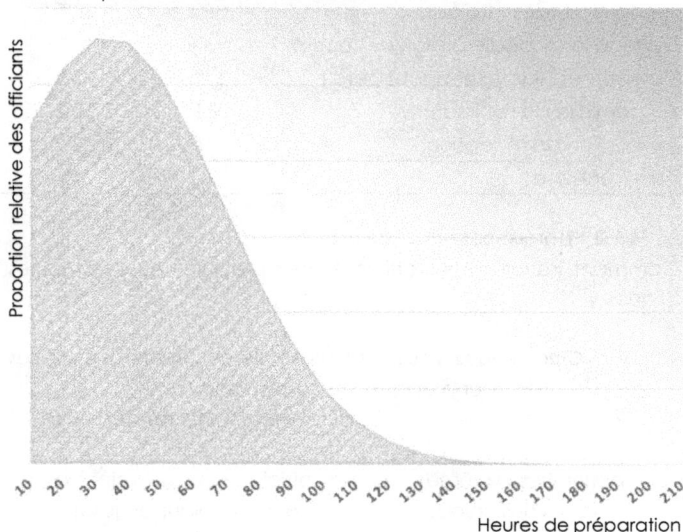

Alors que certains officiants consacrent 5 heures à préparer une cérémonie, d'autres préfèrent y consacrer jusqu'à 200 heures !

4.3. Déplacements

Les officiants doivent se déplacer vers le lieu où se tient chaque cérémonie qu'ils célèbrent. Ce sont de belles occasions pour découvrir de superbes endroits, parfois insolites, souvent romantiques !

Alors qu'une fraction des officiants (10%) intègre les frais de déplacement dans leur forfait, la majorité des professionnels (90% d'entre eux) facture aux mariés les frais liés aux déplacements en plus de leur prestation. C'est la raison pour laquelle ils sont généralement sollicités pour des déplacements locaux, notamment à l'intérieur d'un département.

Mais les coups de cœurs arrivent sans le savoir, et le feeling entre les mariés et l'officiant peut expliquer les longs déplacements !

Ce graphique représente la répartition des distances moyennes parcourues par les officiants, pour 80% des cérémonies qu'ils officient :

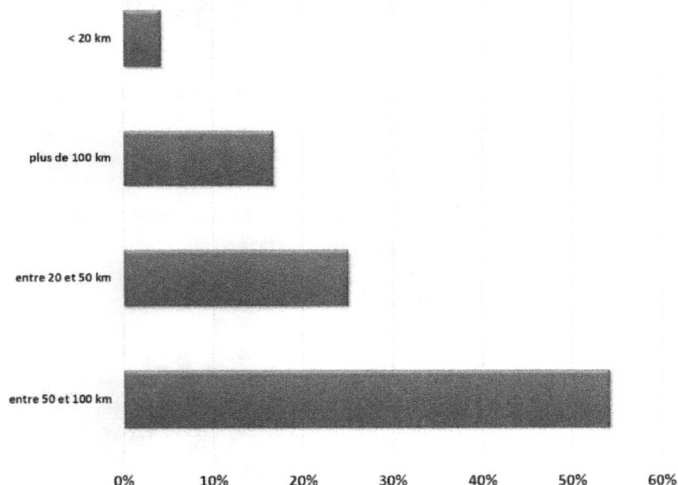

Ainsi :

> 54% des officiants parcourent une distance comprise **entre 50 et 100 km** pour célébrer 80% de leurs cérémonies.

Le record de distance pour célébrer une cérémonie est détenu par un officiant qui a parcouru **6000 km** !

Toutefois, 80% des officiants ont parcouru une distance maximale **inférieure à 650 km**.

4.4. PRESTATIONS DE SERVICES PROPOSÉES

Ce métier n'existant que depuis une dizaine d'années, et étant principalement exercé par des indépendant, on peut s'attendre à un éventail de propositions de services variés et à une grande variété de tarifications, le temps que le marché s'autorégule.

Tous les officiants proposent évidemment le même service de base, cœur de leur métier, à savoir la **préparation du contenu d'une cérémonie laïque sur-mesure et la célébration le jour J.**

Certains officiants se bornent à cette seule, et chronophage, prestation, ce qui est déjà suffisant !

D'autres professionnels incluent également cette prestation de manière limitée :

- ➢ Près de 80% des officiants proposent de ne rédiger **que le texte de la cérémonie** ;
- ➢ Moins de 50% des officiants accepte de **célébrer une cérémonie qu'ils n'ont pas rédigée.**

Proportions des officiants proposant des services complémentaires :

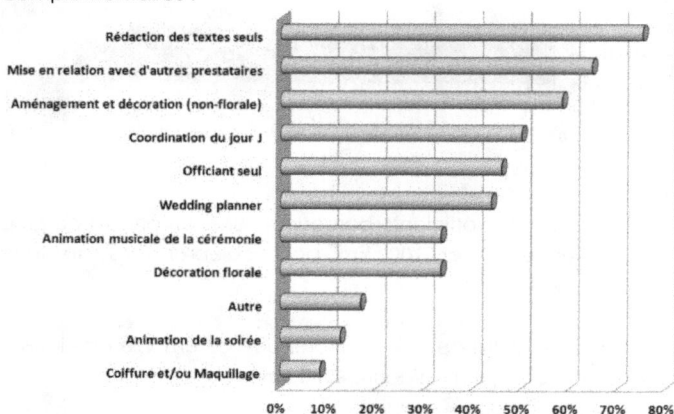

Certains officiants proposent ainsi leurs autres talents comme l'animation de soirée, la coiffure ou le maquillage.

On retrouve aussi, ponctuellement, des prestations plus étonnantes comme la préparation de la chorégraphie de l'ouverture de bal !

4.5. Matériels proposés, inclus et facturés

Les officiants peuvent également inclure, louer ou vendre du matériel.

> ➢ 85% des officiants sont accompagnés de leur propre **pupitre** (il est loué dans 17% des cas) ;
> ➢ 83% d'entre eux fournissent aux mariés un **certificat symbolique**.

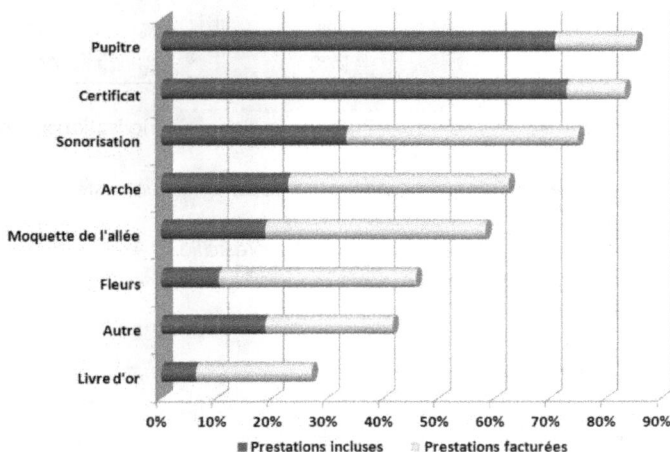

Certains officiants incluent dans leur tarif des éléments de décoration comme l'arche, la moquette de l'allée et même la décoration florale !

Plus ponctuellement, des accessoires de décoration peuvent être proposés comme des piquets à installer le long de l'allée, des lanternes ou encore le matériel nécessaire aux différents rituels (vases, sable, eau, etc.)

Matériels	% des Officiants proposant ce matériel	dont	
		Matériel inclus	Matériel facturé
Pupitre	85%	83%	17%
Certificat	83%	88%	12%
Sonorisation	75%	44%	56%
Arche	63%	37%	63%
Moquette de l'allée	58%	32%	68%
Fleurs	46%	23%	77%
Autre	42%	45%	55%
Livre d'or	27%	23%	77%

Comment lire le tableau ? Prenons la ligne « sonorisation », on remarque que :
- **75% des officiants** proposent la location d'un système de sonorisation de la cérémonie.
- **44 % de ces officiants** offrent cette prestation,
- alors que **56% d'entre eux** facturent la location du système de sonorisation.

4.6. PRÉSENCE LE JOUR DE LA CÉRÉMONIE

Contrairement à certaines idées reçues, le travail de l'officiant ne se limite pas à la seule durée d'une cérémonie (entre 30 minutes et 1 heure).

La durée de présence d'un officiant sur le lieu de réception est très variable selon les professionnels. Il doit notamment :
- Arriver suffisamment à l'avance pour prévenir les imprévus de circulation,
- Prendre connaissance des lieux si cela n'a pas déjà été fait,
- Préparer et aménager son espace de travail,
- Se préparer physiquement (toilette légère s'il fait chaud, enfiler une tenue spécifique, affiner son maquillage, etc.),
- Se préparer mentalement (répéter mentalement la cérémonie, phase de concentration, etc.),
- Accueillir les invités,
- Célébrer la cérémonie (partie du travail visible par tous !),
- Débarrasser son matériel après la cérémonie,
- Éventuellement participer à l'apéritif.

La durée moyenne de présence des officiants sur le lieu de la cérémonie est de **4 heures**.

> ➢ Neuf officiants sur dix restent **entre 1h et 6h** sur le lieu de la réception.
> ➢ La durée maximale de présence moyenne d'un officiant est de **15h** ! (mais cette durée inclut la réalisation d'autres prestations, voir le paragraphe suivant).

4.7. AUTRES PRESTATIONS LE JOUR DE LA CÉRÉMONIE

En plus de la célébration du mariage, certains officiants peuvent assurer une autre prestation.

> ➢ **42 % des officiants** assure une autre mission le jour du mariage

Parmi les missions complémentaires les plus courantes réalisées le jour du mariage, on retrouve, dans les mêmes proportions :
- **l'organisation complète** de la journée du mariage (service « Wedding planner ») ;
- uniquement un service de **coordination des prestataires** intervenants le jour du mariage ;
- ou enfin, la **décoration** du lieu de réception.

Notons qu'une minorité d'officiants propose l'animation de la soirée de mariage.

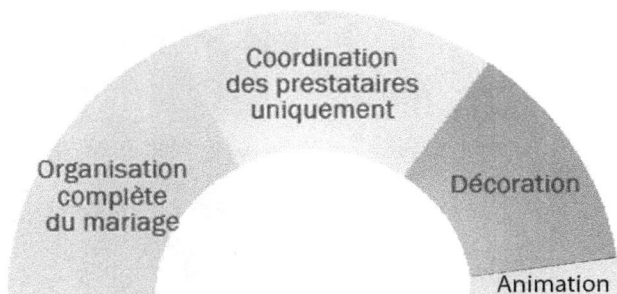

4.8. PRIX DES PRESTATIONS DES OFFICIANTS

Le prix moyen de la prestation d'un officiant est de **793 €**.

> ⇨ *Prix correspondant au forfait moyen pour la préparation et l'organisation d'une cérémonie laïque personnalisée devant une centaine d'invités, sans frais de déplacement, incluant la rédaction des textes et la prestation d'un officiant le jour J*

La distribution des prix des officiants suit la loi normale suivante :

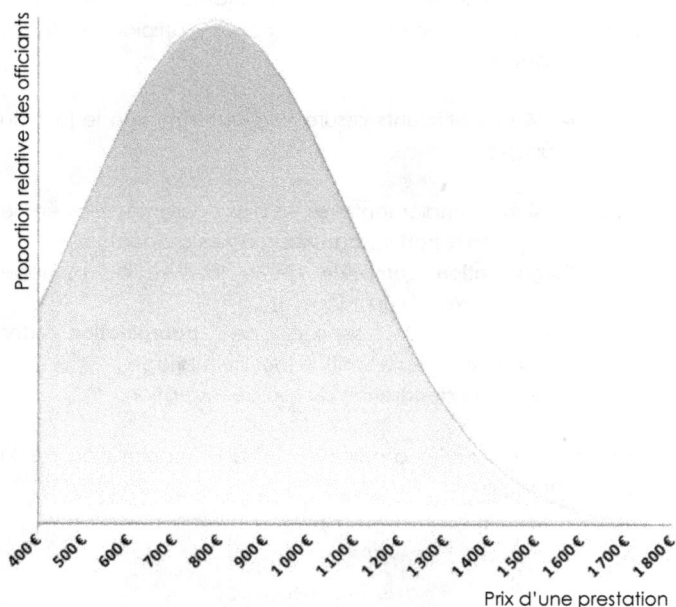

Prix d'une prestation

> ➢ Les tarifs sont compris entre **400 et 1800 euros**.

> ➢ 50% des tarifs sont compris entre **592 et 994 euros**.

- 5 -

L'ACTIVITÉ ÉCONOMIQUE

DES OFFICIANTS

OBJECTIF DE CE CHAPITRE

Quelle économie représente cette spécialité du secteur du mariage ? Ce chapitre présente une synthèse de l'activité des officiants professionnels : nombre annuel de cérémonies, chiffre d'affaire, tarifications, ...

RÉSUMÉ

Avec 18 cérémonies par officiant en 2015, et une hausse annuelle de 38% du nombre moyen de cérémonies réalisées pour chaque officiant par rapport à 2014, on voit que la demande est bel et bien là !

Cela représente un chiffre d'affaires moyen de 14 000 euros par officiant, mais il y a encore de grandes disparités suivant les officiants... Alors que certains tirent leur épingle du jeu avec un chiffre d'affaires annuel supérieur à 30 000 euros, la moitié des officiants réalisent un chiffre d'affaire inférieur à 10 000 euros.

RÉSULTATS

5.1. UNE ACTIVITÉ EN PLEINE EXPANSION

Les cérémonies de mariages se planifient, pour la grande majorité d'entre eux, le samedi. Et sept mariages sur dix ont lieu entre mai et septembre (soit 21 samedis !).

Ces quelques chiffres permettent de mieux comprendre la valeur d'une prestation pour un samedi entre mai en septembre : les officiants qui vivent de leur activité se doivent ainsi de calculer leurs tarifs au plus juste, en tenant compte de la saisonnalité du métier et du nombre limité de dates potentielles.

Cependant, les mariages « hors-saison », ou en semaine, sont de plus en plus nombreux : les futurs-mariés ont bien compris l'économie à réaliser s'ils choisissent de vivre leur cérémonie à une date « judicieuse ».

Les chiffres

> En 2014, les officiants ont déclaré avoir officié, en moyenne, **13 cérémonies** pour chacun d'entre eux.

> En 2015, on constate une moyenne de **18 cérémonies** par officiant.

> En janvier 2016, le nombre moyen de cérémonies par officiant déjà prévues en 2016, est de **17** !

Toujours au mois de janvier 2016, **73% des officiants** ont déjà réservé, pour l'année 2016, plus de cérémonies qu'ils ont assurées en 2015 !

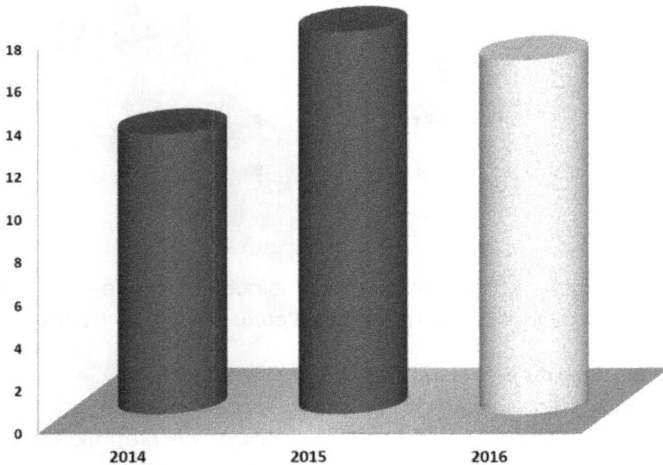

Le nombre moyens de cérémonie par officiant a augmenté de **+37 %** entre 2014 et 2015.

La demande de ce type de prestations semble être en constante augmentation : à travers internet et le vécu des générations de ces dix dernières années, les jeunes couples savent désormais qu'ils ont la possibilité de vivre une cérémonie de mariage qui leur ressemble réellement !

37

5.2. CHIFFRE D'AFFAIRE

Le chiffre d'affaire moyen d'un officiant professionnel est estimé à **14 000 euros.**

En 2015, le chiffre d'affaire des officiants est réparti comme suit :

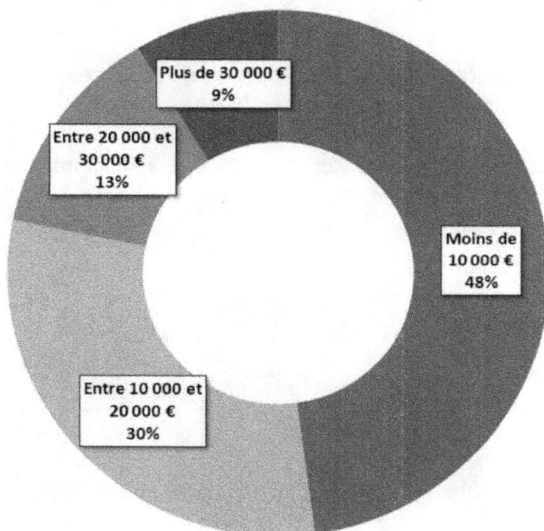

On estime que l'activité d'officiant laïque représente un chiffre d'affaire global de **1 à 1,5 millions d'euros** en 2015 en France.

5.3. ANALYSE DES PRESTATIONS

5.3.1. RELATION ENTRE LE TARIF ET LE TEMPS DE PRÉPARATION

En rapportant sur un graphique le prix d'une prestation et le temps moyen passé pour préparer une cérémonie, on obtient une courbe qu'il vous convient d'interpréter.

Ce qu'on observe :
- La durée de préparation d'une cérémonie oscille autours des **30 heures** lorsque le tarif de la prestation évolue entre **400 et 1200 euros.**
- Au-delà, la durée des préparatifs augmente significativement, mais cela est dû au faible nombre d'officiants proposant des prix supérieurs à 1200 euros.

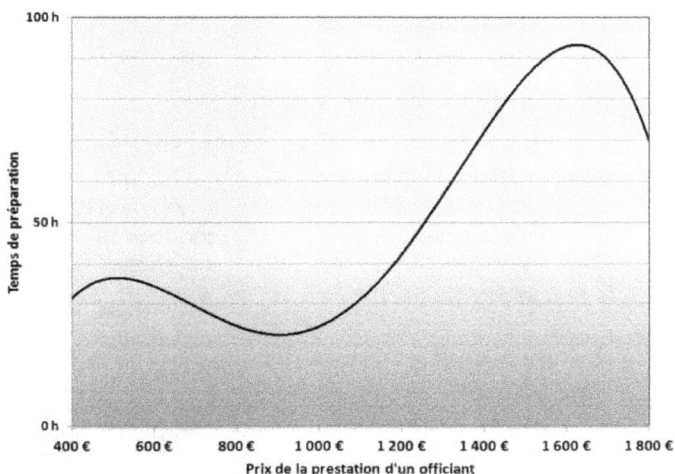

5.3.2. ÉVOLUTION DU TARIF SELON L'EXPÉRIENCE

Le tarif d'une prestation d'officiant n'évolue pas significativement suivant la durée de l'activité. Cependant, la variabilité des honoraires varie fortement au cours des cinq premières années d'activité.

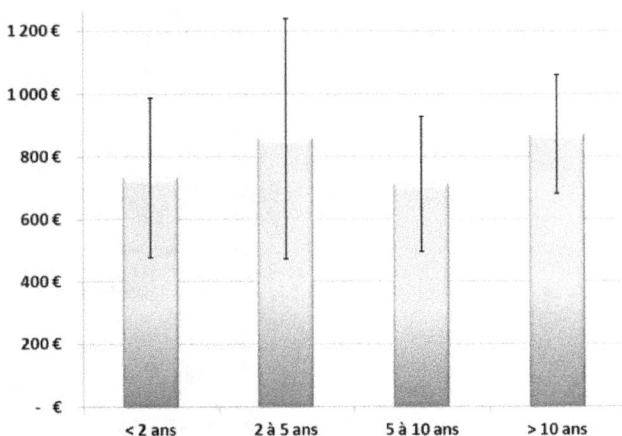

5.3.3. QUESTIONS COMPLÉMENTAIRES

* *Existe-t-il une différence de tarifs entre les officiants et les officiantes ?*

Non, pas *a priori* : on n'observe pas de différence significative entre les prix pratiqués par les officiants et les officiantes.
- Prix moyen des officiantes : 793 € (écart-type : 293 €)
- Prix moyen des officiants : 782 € (écart-type : 349 €)

* *Existe-t-il une différence de tarifs selon l'âge de l'officiant ?*

Il semblerait, oui : les moyennes des tarifs d'une prestation «complète» (cf. *définition au paragraphe 4.8*) varient suivant la tranche d'âge des officiants :
- Plus de 60 ans : 731 €
- Entre 50 et 59 ans : 660 €
- Entre 40 et 49 ans : 773 €
- Entre 30 et 39 ans : 867 €
- Entre 26 et 29 ans : 804 €

* *Quelle différence de prix observe-t-on selon les régions ?*

Les différences entre les régions sont plutôt représentatives
- Île-de-France : 1 252 €
- Aquitaine-Limousin-Poitou-Charentes : 793 €
- PACA : 758 €
- Auvergne-Rhône-Alpes : 693 €
- Centre-Val de Loire : 661 €
- Nord-Pas-de-Calais-Picardie : 620 €

À noter : *Les moyennes des tarifs des officiants des régions Bretagne, Normandie, Alsace-Champagne-Ardenne-Lorraine et Champagne-Ardennes n'ont pas été retenues : le faible effectif en officiants ne donne pas un résultat significatif.*

- 6 -

LE MÉTIER D'OFFICIANT

OBJECTIF DE CE CHAPITRE

Qu'est-ce qu'être « officiant » ? La question a été posée aux principaux intéressés qui ont donné leur propre vision, et ce chapitre présente leurs réponses !

RÉSUMÉ

L'activité quotidienne des officiants tourne autour de cinq grandes thématiques : Rédiger les textes, préparer, organiser puis célébrer les cérémonies, et enfin développer l'activité.

RÉSULTATS

6.1. ACTIVITÉS D'UN OFFICIANT

Chaque officiant a librement précisé ses trois principales activités, ensuite regroupées en 5 grandes catégories.

Le graphique ci-dessous représente les proportions indicatives de citation d'activités dans chacune de ces cinq catégories :

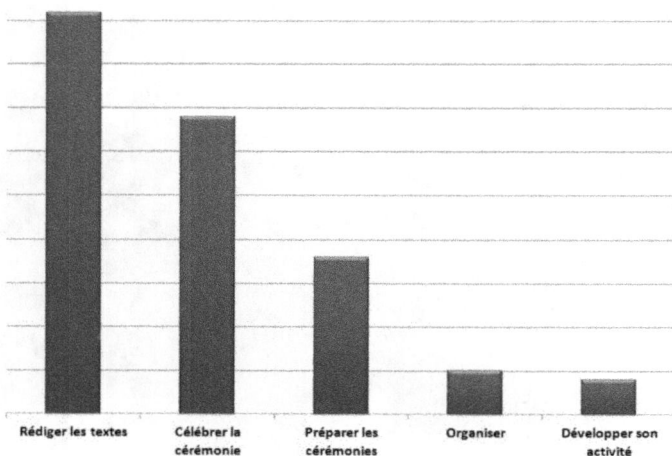

Rédiger les textes | Célébrer la cérémonie | Préparer les cérémonies | Organiser | Développer son activité

Détail des activités citées, regroupées en 5 catégories, et classées par ordre d'importance :

Rédiger les textes	Célébrer la cérémonie	Préparer les cérémonies	Organiser	Développer son activité
Rédaction	Célébration	Écoute	Coordonner	Relationnel
Restituer l'histoire	Rassurer	Accompagner	Gérer	Commercialiser
Créativité	Animer	Conseil	Diriger	Communiquer
Recherche documentaire	Interpréter les textes	Préparation	Organiser	Disponibilité
Aider les mariés à rédiger	Susciter l'émotion	Comprendre		Marketing
Assurer le déroulement	Aisance	Empathie		Se former
Personnaliser la cérémonie	Captiver le public	Adaptabilité		
Rechercher les informations	Partager	Concevoir la cérémonie		

6.2. QUALITÉ D'UN OFFICIANT

Les officiants interrogés ont choisi les 3 principales qualités que doit disposer un véritable professionnel.

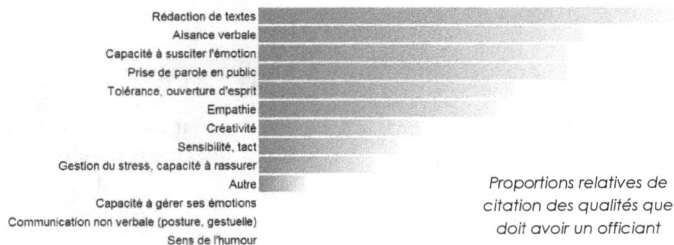

Rédaction de textes
Aisance verbale
Capacité à susciter l'émotion
Prise de parole en public
Tolérance, ouverture d'esprit
Empathie
Créativité
Sensibilité, tact
Gestion du stress, capacité à rassurer
Autre
Capacité à gérer ses émotions
Communication non verbale (posture, gestuelle)
Sens de l'humour

Proportions relatives de citation des qualités que doit avoir un officiant

Ainsi, un officiant doit prioritairement :
- Avoir une certaine aisance dans **l'écriture de textes** ;
- Être à l'aise **oralement** ;
- Savoir **susciter l'émotion** auprès de son public.

Un officiant doit ainsi mêler les qualités d'un **écrivain** et d'un **acteur** !

On remarque enfin que, dans la liste proposée, les trois capacités suivantes n'ont jamais été choisies par les officiants. On peut donc considérer qu'elles ne sont pas essentielles à l'exercice du métier :

- Capacité à gérer ses émotions
- Maîtrise de la communication non verbale
- Sens de l'humour.

6.3. ÉVOLUTION DU SALAIRE

Le salaire moyen des officiants évolue selon la durée d'activité :

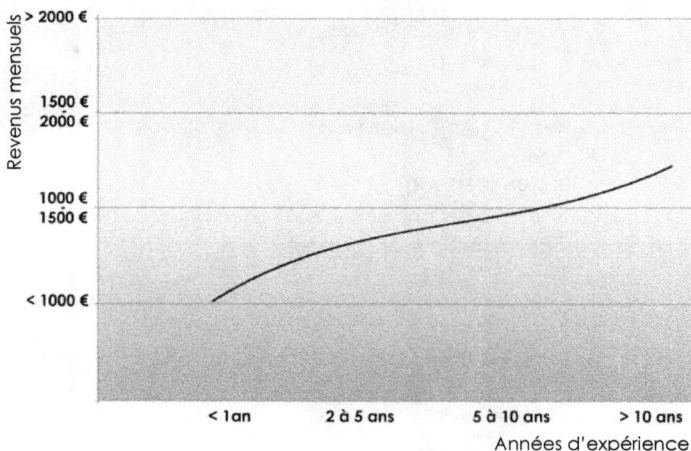

6.4. SATISFACTION DE LEUR MÉTIER

92% des officiants sont satisfaits ou très satisfaits de leur métier !

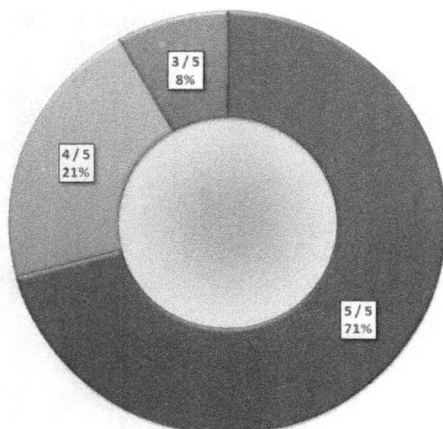

La note moyenne de satisfaction est de **4,6 sur 5** !

6.5. QUELQUES PHRASES D'OFFICIANTS

Pour terminer, laissons la parole aux officiants eux-mêmes pour définir leur métier et leur vision de la cérémonie laïque !

Être officiant, c'est...

... créer un lien inaltérable avec les mariés

... être une personne dotée du sens du contact, qui met en valeur le couple et qui fait passer les messages qui lui sont confiés.

... célébrer l'amour sous toutes ses formes.

... mettre en lumière les forces et les valeurs d'un couple en leur rendant hommage.

... mettre en mots les sentiments et la valeur de l'engagement d'un couple.

... être un chef d'orchestre.

... un formidable vecteur d'émotion.

... être très à l'écoute, disponible, organisé, au service de futurs mariés pour construire avec eux, animer et éventuellement installer et décorer leur cérémonie.

... un guide qui rend officiel le serment des époux.

... être à l'écoute du couple à unir pour orchestrer, écrire et célébrer la cérémonie qui lui ressemble, dans le respect des spécificités de celui-ci.

... conseiller et retranscrire les souhaits du couple.

... savoir organiser un évènement, accueillir un couple et retranscrire une histoire, de l'émotion, du partage.

... être spécialiste des cérémonies, avec une solide formation en histoire des rituels et des cérémoniaux, ainsi que dans les traditions culturelles, spirituelles et religieuses.

... être le révélateur discret de l'histoire d'amour des mariés

... être suffisamment à l'écoute des mariés afin de restituer à leurs invités la palette de leurs émotions

... rentrer en osmose avec le couple

... être proche de ses mariés, à la fois discret et omniprésent, chaleureux et enthousiaste.

... accompagner les mariés dans leur projet de cérémonie laïque.

... accompagner un couple dans son projet de vie et donner vie à une cérémonie afin d'en faire un souvenir inoubliable.

... la plus belle manière d'accompagner les mariés dans la création de souvenirs émouvants et inoubliables de leur mariage.

Être officiant, c'est...

... partager et susciter l' émotion du jour J

... permettre à chacun de célébrer, témoigner, rendre hommage, se souvenir, fêter un moment, une étape, unique et essentielle.

... créer la cérémonie qui rendra les mariés heureux

... célébrer la vie

... être sensible et engagé, au service de l'instant, du sens, et de tous ceux qui sont venu partager l'Amour.

... permettre de mettre en valeur les liens forts qui unissent un couple à son entourage.

... accompagner les mariés et célébrer la cérémonie

... célébrer l'histoire, l'amoure et l'union d'un couple.

... créer une cérémonie sur mesure, en adéquation avec les valeurs des mariés, et l'animer de manière à faire transparaître les émotions des invités et des mariés

... accompagner de manière symbolique et spirituelle un couple amoureux, rendre heureux l'autre

... s'adapter à chaque couple pour faire une cérémonie personnalisée et sur mesure

... créer un beau souvenir

... marier des couples dans un cadre choisi avec des textes sur mesure

... mettre en musique le sens de l'engagement des amoureux / des familles

... une belle expérience de vie et un besoin personnel

... un métier passionnant, de magnifiques rencontres, beaucoup de joies partagées

La cérémonie laïque, c'est...

... un moment d'échange, un moment de grâce parfois, un lieu d'interaction entre les mariés eux-mêmes, les mariés et vous, les mariés et leurs invités, vous et les invités

... une alternative aux cérémonies religieuses qui permet de marquer son engagement dans la vie de couple en lui donnant du sens.

... la liberté d'exprimer son couple, ou le parrainage de son enfant, sans entrave ni dictat.

... l'une des plus belles façons qui soit d'exprimer son amour et de le partager avec les invités.

... la liberté de s'unir dans ses propres règles

... optimiser la symbolique et la matérialisation d'une union non religieuse

... raconter l'histoire d'un couple et la partager de façon sincère et intime avec leurs proches

... un moment solennel choisi par les futurs mariés pour échanger leur engagement et leurs vœux devant leur famille et leurs amis dans l'esprit de ce qu'ils souhaitent.

... un beau mariage sans les contraintes de la religion.

... un rituel qui concrétise l'engagement que prennent deux personnes

... un moment de partage autour des valeurs universelles concernant le mariage et l'amour.

... célébrer les étapes de la Vie du "berceau à la tombe" pour que chacun(e), selon ses besoins et croyances et dans une spiritualité libre d'appartenance religieuse, puisse marquer ces passages.

... la possibilité pour tous les couples de célébrer leur union aux yeux de leur proche, dans un acte solennel et ouvert.

... un instant symbolique où deux personnes se prennent pour époux (ses).

... le cœur de la journée de mariage !

... un pur moment de bonheur et d'amour

... une cérémonie de mariage à part entière qui met en avant l'amour du couple.

... un moment qui représente le couple et ses valeurs, un moment de partage avec leurs proches

... une nouvelle façon de se dire oui dans l'authenticité et la sincérité

... un moment unique où deux êtres s'unissent selon leur valeurs.

... l'occasion d'exprimer son amour et de partager un moment avec ses proches à sa façon et en totale liberté.

... l'occasion de partager avec ses proches tout l'amour qu'il y a au sein du couple et les raisons pour lesquelles ce couple a choisi de vivre ensemble jusqu'à la fin de ses jours.

La cérémonie laïque, c'est...

... une cérémonie différente avec plusieurs intervenants mêlant humour et émotion

... La possibilité de se marier autrement tout en respectant certaines traditions auxquelles la plupart des couples restent attachés.

... donner du Sens aux Étapes essentielles de la Vie dans le respect des valeurs et philosophies de vie de chacun.

... un engagement solennel et personnel pris par les mariés

... raconter l'histoire d'un couple, des êtres qu'ils sont devenus et des valeurs sur lesquelles ils fondent leur engagement.

... échanger ses vœux de mariage autrement

... un moment de partage et d'émotion.

... un moment unique permettant de faire partager les souhaits et les émotions des mariés avec leurs amis et famille.

... une cérémonie personnalisée, pouvant se dérouler où l'on souhaite, qui ne ressemble à aucune autre, et qui permet aux mariés de s'unir avec leurs valeurs.

... un moyen de célébrer son mariage dignement.

... donner un sens fort au mariage en prenant un engagement devant la famille et les proches lors d'une belle cérémonie, en dehors de toute religion.

... une cérémonie qui retranscrive l'amour, les liens, les valeurs et l'histoire du couple dans une ambiance conviviale et rempli d'émotions.

... une manière libre et à la portée de tou(te)s d'exprimer ses sentiments

... Un beau moment de partage, d'amour et d'humour entouré de tous les gens que l'on aime

... Le moment émotion du mariage, le moment clé de la journée, le rendez-vous que tout le monde attend, là ou le OUI prend tout son sens!

- 7 -

ANNEXE

FORMULAIRE PRÉSENTÉ AUX OFFICIANTS

Les questions du formulaire sont les suivantes :

Présentez-vous !

- Vous êtes... un homme / une femme
- Quel âge avez-vous ?
- Depuis combien de temps êtes-vous officiant ?
- Quelle était votre activité professionnelle avant de devenir officiant ?
- Quelle section du BAC avez-vous passé ?
- Quel est le plus haut niveau de votre formation initiale ?
- Quelle est votre formation initiale ?

Les langues étrangères que vous parlez... (note de 1 à 5)

- Anglais
- Espagnol
- Italien
- Russe
- Autre

Votre activité

- Quel est votre statut ?
- Combien de cérémonies avez-vous officié en 2014 ?
- Combien de cérémonies avez-vous officié en 2015 ?
- Combien de cérémonies devriez-vous officier en 2016 ? (Estimatif sur la base de votre carnet de commande actuel)
- Votre chiffre d'affaire en 2015 (Uniquement pour votre activité "Officiant")
- Quel salaire mensuel moyen avez-vous dégagé en 2015 ?
- Votre activité d'officiant est-elle votre seule activité ?
- Si non, exercez-vous l'autre activité en tant que salarié ou indépendant ?
- Pouvez-vous préciser le secteur de votre autre activité ?
- Avez-vous...
  - o D'abord créé votre activité ?
  - o D'abord créé votre autre activité ?

Déplacements

- A quelle distance de chez vous se déroulent 80% des cérémonies que vous officiez ?
- Quelle est la plus grande distance que vous avez parcouru pour officier une cérémonie ?
- Où rencontrez-vous le plus souvent les mariés pour le 1er rendez-vous ?
- Où planifiez-vous généralement les rendez-vous de préparation des cérémonies avec les mariés ?
- Combien de fois vous entretenez-vous avec les mariés avant la cérémonie ?
- Comment calculez-vous vos frais de déplacement ?

Les services que vous proposez

- Quel est votre tarif pour l'organisation d'une cérémonie laïque ?
- Quelles prestations de service proposez-vous en plus de votre prestation d'officiant ?
- Quels matériels incluez-vous dans votre prestation d'officiant ?
- Quels matériels facturez-vous en plus de votre prestation d'officiant ?
- Le jour du mariage, assurez-vous une prestation supplémentaire à la prestation d'officiant ?
- Le jour du mariage, assurez-vous une ou des prestation(s) supplémentaire(s) à votre prestation d'officiant ?
- Si oui, laquelle/lesquelles ?
- Proposez-vous d'autres officiants que vous ?
- Si oui, dans quel cadre ?
- Combien de temps passez-vous à préparer une cérémonie laïque ?
- Combien de temps passez-vous sur le lieu de réception le jour J ?

Votre conception du métier d'officiant

- Quelles sont, pour vous, les 3 principales qualités d'un officiant ?
- Quelles sont, pour vous, les 3 principales tâches/activités du métier d'officiant ?
- Pour vous, officiant c'est...
- Pour vous, la cérémonie laïque c'est...
- Quel est votre niveau de satisfaction de votre activité aujourd'hui ?

« *Officiant de cérémonie laïque*
Un nouveau métier en chiffres »

© E-KOMM Edition, 2016
21 avenue Nelson Mandela
83130 La Garde
guide@ceremonie-laique.fr
www.ceremonie-laique.fr

ISBN : 978-2-9554949-2-9
Dépôt légal : avril 2016
Indicatif éditeur (AFNIL/ISBN) : 978-2-9554949